AF497914

DE L'IDENTITÉ

DE CERTAINS

Maîtres Anonymes

PAR

GEORGES H. DE LOO

I. AELBRECHT BOUTS et le Maître de l'Assomption.

II. JOOS VAN CLEVE et le Maître de la Mort de Marie.

III. AMBROSIUS BENSON et le Maître de la Deipara Virgo d'Anvers.

IV. JAN VAN EECKELE et le Monogrammiste J. V. E.

V. JAQUES DARET et le Maître de Flémalle.

VI. JEHAN DE PARIS et le Maître de Moulins.

VII. ADRIAEN YSENBRANT et le Maître de N. D. des Sept Douleurs.

(Extrait du Catalogue Critique de l'Exposition de Bruges 1902).

GAND

A. SIFFER, LIBRAIRE-ÉDITEUR

PLACE SAINT-BAVON

1902

DE L'IDENTITÉ

DE CERTAINS

MAITRES ANONYMES.

L'histoire de l'Art se constitue par deux espèces de recherches, très différentes de nature :

D'une part, il y a la recherche historique proprement dite, patient travail d'archives, mettant au jour les *documents* qui concernent les œuvres d'art ou la biographie des artistes. Les travaux de M. Alexandre Pinchart, pour la Belgique, sont un exemple de ce premier ordre d'investigations.

D'autre part, il y a la critique comparative des *monuments* de l'Art. Celle-ci inventorie les échantillons conservés dans les collections publiques ou privées, et, d'après leurs analogies, les classe en groupes : de même origine locale, de même école, de même main; constate aussi les filiations, les influences réciproques, et l'évolution des personnalités sous leurs phases diverses.

Ces deux genres de travaux s'accomplissent par des méthodes essentiellement différentes; demandent des

formations scientifiques et des aptitudes naturelles qui
ne se ressemblent point; imposent même des manières
de vivre difficilement compatibles, puisque le premier
travail est tout sédentaire, tandis que le second exige
de fréquents et souvent lointains voyages.

Aussi ne faut-il pas s'étonner de voir parmi ceux
qui s'occupent de l'histoire de l'Art : ici, des hommes
qui se sont fait une réputation méritée par de savantes
publications riches en documents révélateurs — et pour
qui les tableaux sont muets, qui sont incapables de
distinguer, à la vue, un peintre d'un autre; — là,
des connaisseurs de tableaux à l'œil exercé et perspi-
cace — et qui, non seulement n'ont jamais eu entre
les mains une pièce d'archives, mais manquent même
de toute critique historique, et font fausse route, pour
avoir admis à la légère un point de départ injustifié.
(Le célèbre Waagen était de ces derniers.) Il ne faut
en faire un reproche ni aux uns ni aux autres, mais
user de chacun pour ce à quoi il est bon.

La France, depuis le marquis de Laborde, a fourni
un grand nombre d'excellents travaux de la première
espèce. L'Allemagne s'est surtout distinguée dans le second ordre de recherches. Elle a réussi à produire, non
seulement quelques personnalités brillantes, mais des
savants de carrière, méthodiquement formés, et tout
un outillage d'instruments de travail et de vulgarisation,
de documents et d'informations. — Sur ce terrain, la
Belgique, comme la France, est plutôt arriérée, dis-

tancée par des nations qui possèdent pourtant moins
de ressources.

Quant à l'appréciation *esthétique*, elle appartient
à un troisième ordre d'idées, demande elle aussi des
dons naturels et un entraînement propres. Appliquée
aux œuvres du passé, elle ne saurait toutefois aboutir
à aucun résultat objectif, sans s'appuyer sur l'*histoire
positive* de l'Art. C'est de celle-ci seule qu'il est ici
question.

Pour édifier cette histoire, le dépouillement des
archives, et le classement des œuvres sont, nous l'avons
dit, également indispensables.

Malheureusement, il arrive fréquemment qu'entre
les résultats obtenus par ces deux espèces d'études,
manque le point de jonction.

D'un côté, nous apprenons à connaître des noms
et des biographies de peintres, leurs rapports chro-
nologiques, leurs filiations d'apprentissage, leurs voisi-
nages locaux, les jugements de leurs contemporains ou
de leurs successeurs, parfois même les sujets de quelques-
uns de leurs tableaux perdus. — De l'autre, nous
voyons devant nous des œuvres parfois considérables,
parfois d'importance capitale, auxquelles nous ne pouvons
assigner aucun nom. Les comparaisons des critiques
ont abouti à nous montrer des personnalités artistiques
à travers le développement successif de leur production,
mais l'élément humain, biographique, reste une énigme
pour nous.

Or il est clair que parmi ces maitres anonymes, désignés sous des appellations conventionnelles, doivent se retrouver un grand nombre de ceux dont les auteurs anciens et les archives nous ont appris les noms, et même les faits et gestes.

C'est une entreprise particulièrement tentante que celle de chercher à lever un coin du voile de méconnaissance, à mettre en rapport ces œuvres sans noms avec ces noms sans œuvres. Elle est, nous le savons, remplie d'écueils : le pseudo-Mostaert de Waagen, le soi-disant Jean Perréal du Louvre, et tant d'autres! sont là pour nous avertir du danger. — Mais tous les marins, victimes des naufrages, empêcheront-ils leurs descendants d'affronter la mer? — Les hypothèses sont indispensables à la science comme à la vie. Celui qui ne voudrait jamais agir que sur la foi de certitudes, s'arrêterait de vivre à bref délai.

Même la plus aventureuse des conjectures peut avoir son utilité, pourvu qu'elle mène à quelque résultat contrôlable. Le probable et le simplement possible sont sans aucun danger, *pour qui sait ce qu'ils sont et ce qu'ils valent, et ne l'oublie pas ensuite.*

A strictement parler, en matière de paternité artistique, comme en toute question de fait, la certitude absolue n'existe jamais, même pour un tableau signé, accompagné de la quittance du peintre.

Mais quand toute garantie d'authenticité de cette nature fait défaut, comment alors peut-on arriver à identifier une œuvre jusque-là anonyme?

Lorsqu'on a devant soi *l'ensemble* de la production artistique d'un peintre, bien reconstitué, il arrive que, sans qu'on puisse prouver directement l'attribution d'un seul tableau en particulier, il se dégage pourtant de cet ensemble un si grand nombre, et si varié, d'indices convergeants vers une même hypothèse, que celle-ci acquiert une probabilité très grande, qu'elle atteint ce qu'on appelle la certitude morale. La confirmation négative se fait par l'impossibilité d'imaginer une autre attribution qui satisfasse aux mêmes conditions.

Dans certains cas un élément matériel et direct vient s'ajouter à ces accords de présomptions : un *monogramme* par exemple. Il ne faut pas se hâter de conclure que les identifications fondées sur l'interprétation d'un monogramme soient nécessairement les plus sûres. Il y a telle identification qui ne repose que sur des concours de coïncidences, (par exemple pour Jehan de Paris avec le groupe des portraits de 1488, du triptyque de Moulins, etc.) — et qui nous inspire une confiance beaucoup plus ferme que bien des lectures d'initiales.

Quoi qu'il en soit, nous commencerons par parler de certains maîtres anonymes qui nous offrent cet élément matériel : le Maître de l'Assomption (*Aelbrecht Bouts*) — le Maître de la Mort de Marie (*Joos van Cleve*) — le maître de la Deipara Virgo d'Anvers (*Ambrosius Benson*) — le monogrammiste J. v. E (*Jan van Ecckele*).

Ensuite nous fournirons quelques données au sujet

de ceux, pour qui de tels renseignements extérieurs manquent : le Maître de Flémalle (*Jaques Daret*) — le Maître des portraits de 1488, alias de Moulins (*Jehan Perréal de Paris*) — et le Maître de Notre-Dame des Sept Douleurs (*Adriaen Ysenbrant*).

Pour ces dernières identifications, parmi lesquelles deux de grand intérêt, nous devrons nous borner à des renseignements très sommaires, et évidemment insuffisants; le mode de preuve qui résulte de la complexité des rapprochements, demande, pour être convaincant, un exposé d'une étendue telle que nous n'avons ni le temps, ni l'espace voulus, pour le fournir ici. Il y faudrait de longs articles avec photographies et documents à l'appui.

I. — AELBRECHT BOUTS

ET

le Maître de l'Assomption.

Le tableau-type de l'*Assomption* qui a servi à grouper les œuvres du maître et à lui donner une désignation provisoire est un triptyque, avec portraits de donateurs sur les volets, lequel se trouve au Musée de Bruxelles (Catal. officiel n° 70 = Catal. Wauters n° 534), en compagnie de six autres peintures de la même main. Le maître d'ailleurs n'est pas rare, il se rencontre dans grand nombre de musées et de collections particulières.

Déjà M. Edw. van Even avait identifié l'Assomption du Musée de Bruxelles (auparavant attribuée à Hugo Van der Goes (Waagen) à l'inévitable et insaisissable Gérard Van der Meere, à Goswin Van der Weyden, etc.) — avec une œuvre citée par l'exact historien louvaniste Molanus, comme exécutée par Aelbrecht Bouts, le second fils de Dieric, pour la chapelle de Notre-Dame du petit chœur, dans l'église collégiale de St.-Pierre à Louvain. Ainsi qu'on va le voir, cette identification était fondée, bien que la preuve ne fut pas alors fournie.

M. Friedländer, s'appuyant sur les liens d'élève à maître qui rattachent l'œuvre du peintre anonyme à Dieric Bouts, concluait dans le même sens, et, sans connaître ces travaux, nous étions déjà arrivés par la même voie à la même attribution, lorsque notre attention se porta sur les armoiries que présentent les volets du triptyque de Bruxelles.

Celles-ci, mieux qu'une signature, dont l'authenticité pourrait être suspectée, fournissent la preuve complète et indéniable de l'identité du maître.

En effet, le volet senestre du triptyque contient les portraits d'un homme et d'une femme, d'âge mûr, l'un et l'autre agenouillés. Dans les airs, au-dessus d'eux, un ange tient un écu : d'azur à trois écussons d'argent (qui est du métier des peintres), *au chef de gueules chargé de deux carreaux d'arbalète*, (vulgo : flèches émoussées) *en sautoir, surmontées d'un A*.

Ce blason prouve que le personnage représenté est un peintre : son écu représente ses armoiries de famille, combinées avec celles de sa corporation (nous pourrions citer d'autres exemples d'une telle pratique, surtout chez des doyens de métiers). — Or ces carreaux d'arbalète constituent des armes parlantes, car *bout*, en flamand, signifie cheville, et spécialement : *carreau d'arbalète* : c'est pourquoi ce meuble figure dans les armes de la plupart des familles dont les noms se terminent en *bout* ou *baut* : Aerlebout, Baut de Rasmon, Everbaut, Rombaut, Spillebaut, etc. — Bien plus, voici un personnage appartenant vraisemblablement à une branche de la famille du peintre, car ses armes comme son nom sont très semblables : L'Armorial de Gand de 1578, cite parmi les officiers des échevins des Parchons, un *Josse Baut*, lequel porte un écu écartelé, dont le 1er et le 4me quartier sont : *de gueules à deux flèches en sautoir*.

Enfin, ce qui ne laisse aucune place au doute, on remarquera qu'Aelbrecht. sans doute afin de se distinguer de son frère ainé. peintre comme lui, a introduit dans son écu un A, initiale de son nom de baptême.

Aelbrecht figure dans ce tableau à titre de donateur (avec sa seconde femme : Elisabeth de Nausnydere).

De cette circonstance, jointe au sujet du triptyque, il résulte que celui-ci est bien, comme l'avait deviné M. van Even, le retable dont Molanus parle en ces termes : « Albertus Bouts, filius Theodorici, multa *devote* Lovanii depinxit ad Augustinenses et alibi. Cappellae beatae Mariae *donavit*, in parvo choro, *Altare Assumptionis beatae Mariae, quod audio eum non potuisse triennio absolvere.* »

Le volet dextre représente un autre personnage, auquel le peintre cède donc la préséance ; celui-ci, qui paraît plus âgé, porte d'autres armoiries, et, circonstance curieuse, ressemble à Aelbrecht Bouts. Ne peut-on songer à Henri van der Bruggen, dit Metten Gelde, son oncle maternel, qui avait été son tuteur ? — Il serait intéressant de rechercher à quelle date celui-ci mourut.

Il y a lieu d'observer en effet qu'Aelbrecht ne ressemble pas du tout à son père. Autant celui-ci avait le visage allongé, autant le fils cadet a la face arrondie, aux gros yeux saillants. Nous le connaissons par d'autres portraits :

Dans le chef-d'œuvre de Dieric Bouts : *la Cène*, de Louvain, la muraille du fond est percée d'un guichet ouvert : passe-plats, à travers lequel on aperçoit deux jeunes gens. L'un, maigre, aux joues creuses, ressemble au portrait que Lampsonius donne comme celui de Dieric Bouts père : c'est sans doute le fils aîné, nommé aussi Dieric, qui mourut relativement jeune. — L'autre, gros, aux yeux à fleur de tête, nous permet de reconnaître facilement, en très jeune, notre Aelbrecht Bouts, lequel était appelé à atteindre l'âge avancé de plus de quatre-vingt-huit années, circonstance qui explique à la fois l'abondance de sa production, et la diversité d'aspect de quelques-unes de ses œuvres.

Nous croyons reconnaître aussi son portrait, assez sommairement exécuté par lui-même, dans un petit tableau du Musée de Bruxelles : *Jésus chez Simon* (catal. officiel n° 50 « école de Schongauer, catal. Wauters, 626 « inconnu »), copie en sens inverse d'un tableau de son père, lequel appartient à M. Thiem (exp. n° 39), avec lequel il présente la différence que le moine donateur est remplacé par un adolescent debout. Il y paraît très jeune encore, et l'exécution ne contredit pas à cette supposition ; elle est fort inexpérimentée.

Dans la petite *Cène* du même Musée (catal. officiel n° 31 «Thierry Bouts,» catal. Wauters n° 542 « inconnu ») il faut peut-être encore voir un portrait de notre peintre dans un personnage debout à senestre.

L'*Assomption* de Bruxelles n'est pas le seul tableau qui porte la marque non équivoque d'Aelbrecht Bouts.

Il en est de même de l'*Annonciation* de la Pinacothèque de Munich (n° 114). Celle-ci, qui est encore étrangement attribuée à « Hugo van der Goes » (sans doute un legs de Waagen, qui avait créé un pseudo-œuvre de Van der Goes à l'aide des tableaux d'Aelbrecht Bouts),

montre, dans la verrière de la fenêtre, trois écussons :
1° au milieu, en haut : de gueules à la fasce d'argent
(armes de la *Ville de Louvain*), 2° plus bas, à dextre,
les armes d'Aelbrecht Bouts : d'azur à 3 écussons d'argent
(corporation de Sᵗ Luc), au chef chargé de 2 carreaux
d'arbalète en sautoir, surmontés d'un A, donc comme
ci-dessus, sauf que le champ du chef est ici laissé en
blanc ; enfin 3° à senestre : un écu chargé d'un
monogramme formé comme suit : un A, sur le pied
du premier jambage duquel vient s'appuyer une croix.
La traverse de l'A est constituée par un *os*, nouvelle
allusion au nom du peintre (de même que le mot
français *cheville* a une seconde acception anatomique,
de même le mot flamand *bout* signifie aussi *l'os de
la cuisse*, d'où, par extension, gigot). Cette signature
qui rappelle celle du peintre italien Dosso Dossi, se
complète par une lettre plus petite placée au-dessous :
le catalogue de la Pinacothèque reproduit celle-ci comme
un R, mais nous croyons qu'il faut y voir un P, à la
hampe barrée obliquement : abréviation ordinaire de
pinxit ou *pingebat*.

Une annonciation analogue se trouve au Musée
de Berlin (n° 530) De nouveau, le vitrail est orné
de trois écus : le premier est celui de *Louvain*, le
deuxième est chargé de 3 signes que nous n'avons pu
déchiffrer, et le troisième est l'écu de la confrérie de
Sᵗ Luc (cette fois sans les armes de la famille). C'est sans
doute le deuxième écu qui contenait la désignation
personnelle.

Il y a fort peu de peintres du XV⁵ siècle, ou du XVI⁵, dont il nous reste des œuvres qui présentent des moyens d'identification aussi variés et aussi sûrs que ceux que nous venons de citer. Il faut vraiment qu'Aelbrecht Bouts n'ait pas eu de chance pour que de tels pléonasmes de signatures soient restés méconnus si longtemps. On peut sans inconvénient, nous semble-t-il, laisser tomber désormais l'appellation : *Maître de l'Assomption*, et la remplacer par le nom d'*Aelbrecht Bouts*.

Pour la biographie de celui-ci, voir : *L'ancienne École de Peinture de Louvain*, par *Edward van Even*. — Bruxelles-Louvain 1870, pp. 144 à 153.

L'exposition de Bruges contient deux œuvres de sa main :

Deux volets avec donateurs et patrons, n° 141 et 142 — et deux volets joints : *Le Buisson Ardent* et *la Toison de Gédéon*, n° 41.

II. — JOOS VAN DER BEKE dit VAN CLEVE

ET

le Maître de la Mort de Marie.

C'est à MM. Justi et Firmenich-Richartz que revient l'honneur d'avoir proposé l'identification de cet important maître anonyme avec Joos Van der Beke dit van Cleve, peintre reçu dans la gilde de St Luc à Anvers en 1511 et décédé dans la même ville, en 1540.

Nous n'entrerons pas dans l'exposé des raisons qu'on a invoquées en faveur de cette identification, ni des difficultés qu'elle peut présenter, nous contentant de renvoyer aux travaux des auteurs que nous venons de citer ; nous nous bornerons ici à apporter quelques faits nouveaux, ou que du moins nous croyons inédits.

On sait que le Maître de la Mort de Marie montre dans son œuvre à la fois une profonde influence de Quinten Massys, et une proche parenté avec un maître colonais : Bartholomaeus Bruyn, quelque peu son cadet. L'un et l'autre semblent avoir subi l'influence du maître harlemois Jan Joest, qui peignait à Calcar de 1505 à 1508, puis retourna à Harlem en 1509 et y mourut. — Tout cela s'explique fort bien, si Bartholomaeus Bruyn a été l'élève du maître de la Mort de Marie, ou si du moins l'un et l'autre se sont formés à la même école (dans le pays de Clèves)

Le nom de Joos van der Beke *dit van Cleve*, ne suffirait pas à prouver que le peintre était, lui-même, originaire de cette ville, car il pourrait l'avoir hérité : on trouve le nom *van Cleve*, avant lui, dans le registre des peintres d'Anvers. Il faut donc prouver que Joos avait complété son éducation technique, et même formé sa personnalité artistique, dans une partie de ses traits essentiels, *avant* son arrivée à Anvers en 1511.

Voici la preuve : jusqu'ici, on n'a cité de lui que des tableaux datés de 1512 à 1525.

Le Musée du Louvre possède un tableau qui est certainement une œuvre de jeunesse du maitre : ce sont les volets d'*Adam et Ève* (don de M. Lemonnier). Ces volets sont doublement datés : *1507*, donc quatre ans avant la réception à Anvers de Joos van Cleve. — Il est à remarquer : 1° que le maître avait donc acquis la maîtrise avant le départ de Calcar de Jan Joest ; 2° que Bartholomaeus Bruyn, né en 1493, *a pu* entrer en apprentissage chez Joos van Cleve avant le départ de celui-ci pour Anvers. Il est à noter aussi que cet Adam et cette Ève présentent déjà tout formés les traits typiques du St Georges et de la Ste Christine, de son œuvre-type : le retable de la Mort de Marie. (Pour Ève, cf. aussi la Ste Vierge, de la Ste Famille de Bruxelles.)

Que le Maître de la Mort de Marie travaillait bien à Anvers et non à Cologne (malgré les nombreuses commandes qu'il reçut de cette ville), c'est ce que prouve, entre autres, l'œuvre du *Maître brugeois du Saint-Sang* (voy. n° 260 de ce catalogue ; cf. n° 126 et n° 155). Ce peintre est un Brugeois, qui a subi l'influence de l'école d'Anvers, alors si brillante. Il imite manifestement Quinten Massys et le *Maître de la Mort de Marie*. Or il ne serait certainement pas allé chercher ses modèles à Cologne.

Le Maître de la Mort de Marie est représenté à

l'exposition de Bruges par un bon *portrait de lui-même*, appartenant à M. Richard von Kaufmann (n° 259), par l'*Annonciation* de M. Porgès (n° 276) et par le *Calvaire* de M. Kleinberger (n° 347).

III. — AMBROSIUS BENSON

ET

le Maître de la Deipara Virgo d'Anvers

(= Monogrammiste AB 1527 = le primitif soi-disant « Mostaert » de Waagen).

Personnellement, nous ne connaissions de ce maître que deux œuvres importantes : d'une part, le tableau-type : « *la Deipara Virgo annoncée par les prophètes et les sibylles*, » qui se trouve au Musée d'Anvers, dans la collection du B^{on} van Ertborn, avec quelques *Sibylles* : — variantes de l'une des figures de ce tableau (entre autres le *pseudo-portrait de Jacqueline de Bavière* au même Musée, point de départ de la fausse identification de l'œuvre de Mostaert, par Waagen) — ou bien intimement apparentées à cette figure (telle la *Sibylle* de Mme Hainauer, à Berlin, qui figure à l'exposition de Bruges n° 220) ; — d'autre part, un retable à 5 feuillets, représentant la *Vie de Sainte Anne*, qui ornait jadis le couvent de Santa-Cruz, des dominicains de *Ségovie*, et se trouve actuellement au Musée du

Prado, à Madrid (n°ˢ 2197, 2198, 2199, 2200 et 2200*a*).

M. Friedländer, l'auteur de tant de rapprochements bien établis, a réussi à grouper un nombre assez considérable d'œuvres de la même main que le type d'Anvers. Il a reconnu comme tel, notamment un tableau qui, au Musée Germanique de Nurenberg, est désigné comme : « *Meister AB, oberdeutsch unter lombardischem Einfluss von 1527.* » Ce tableau, peut-être à cause de la place qu'il occupe, n'avait pas attiré notre attention. C'est une *Sainte Famille*, signée du monogramme AB (réunis) et datée de 1527.

D'un autre côté, M. Justi a rattaché à l'auteur du retable de Ségovie, un triptyque qui provient d'Avila, et appartient aujourd'hui au comte de Valencia de Don Juan, à Madrid. Celui-ci porte également un monogramme formé de A et B réunis. (Je dois aussi cette information à l'extrème obligeance de M. Friedländer.)

Nous avons sur le maitre les données suivantes.

Peintre appartenant à l'école brugeoise : formé sous l'influence dominante de Gheeraert David, et ayant imité une composition du Maitre brugeois du Saint-Sang ; — chez qui on a remarqué des influences lombardes ; — florissant dans le second quart du XVIᵉ siècle, et dès 1527 ; — dont un tableau est, depuis le XVIIᵉ siècle au moins, à Anvers, tandis que d'autres œuvres importantes se trouvent en Espagne. — Enfin, et surtout, dont les initiales sont AB.

Nous avons aussitôt songé à *Ambrosius Benson*, à qui toutes ces données conviennent admirablement, et qui nous était bien connu par nos recherches dans les archives de Bruges (1).

Celui-ci était originaire de *Lombardie*, fut reçu franc-maître à *Bruges* le 21 août 1519, fut un peintre notable et considéré, car nous le trouvons membre du serment de la confrérie de St. Luc, en qualité de « vinder » en 1521, 1539, 1545; gouverneur en 1540; et *deux fois doyen* (1537 et 1543), honneur rare, qui au XVIe siècle, n'était échu qu'à Gheeraert David et à Jan Provost. Ambrosius Benson paraît régulièrement aux foires de Bruges, et est cité dans divers actes.

Encore vivant le 6 août 1547; il est déjà décédé le 4 août 1550, date d'un acte dans lequel est citée sa *veuve*. Nous n'avons pas trouvé son nom dans le registre des peintres d'Anvers : ce doit être par suite d'une omission, car son fils, Jan Benson, y fut reçu *comme fils de maître*.

Enfin ajoutons que Ambrosius Benson est le seul peintre brugeois de quelque importance, qui, à cette époque, ait porté les initiales AB

En présence de cet ensemble de coïncidences, nous considérons l'identification que nous proposons comme

---

(1) Nous remercions M. l'archiviste Gilliodts-van Severen, qui a bien voulu, avec son obligeance habituelle, nous aider dans nos investigations sur la biographie des Benson.

devant inspirer une confiance voisine de la certitude.

A l'exposition de Bruges ne figure qu'un seul tableau de ce maitre : la *Sibylle* de Mme Hainauer, n° 220

IV. — JAN VAN EECKELE (alias VAN EECK)

ET

le Monogrammiste J. V. E. (entrelacés).

Ici nous avons moins d'éléments d'appréciation. Notre conjecture repose presque exclusivement sur l'interprétation d'un monogramme, formé des lettres J et E reliées par un V. (L'E a la forme de la majuscule d'imprimerie, tandis que le J est en majuscule cursive).

Nous rencontrons ce monogramme sur deux tableaux, l'un et l'autre exposés à Bruges : n° 105 *Mater dolorosa* (Église St Sauveur à Bruges), et n° 106 *La Vision de St Bernard*, avec d'autres scènes de sa vie (Musée de Tournay).

Ce dernier tableau est une œuvre originale, appartenant selon toute apparence au 2me quart du XVIe siècle (peut-être même au milieu de ce siècle, si on tient compte de l'archaïsme des peintres brugeois de ce temps).

Il se rapproche davantage de l'école de Bruges que de toute autre.

Quant à la *Mater dolorosa* de l'Église St Sauveur, il serait difficile de la dater, à la vue, car elle n'est qu'une copie d'après une œuvre bien antérieure, peinte avant 1500 par *Quinten Metsys*, dont l'original est perdu, mais se retrouve dans d'autres copies (entre autres à Munich). Du fait que cette copie a été peinte pour une église de Bruges, résulte une forte présomption que le maître J. V. E. était Brugeois.

Il faut noter que, traditionnellement, le tableau de St Sauveur était donné comme étant de « Jan van Eyck » quoiqu'il ne rappelât en rien sa manière.

Or il existait à Bruges, dans le 2me quart du XVIe siècle, *un seul* peintre à qui les initiales J. V. E. puissent convenir, et, coïncidence curieuse, il s'appelait *Jan van Eeckele*, nom qui devait d'autant plus facilement se confondre avec celui de « Jan van Eyck, » que, de son vivant même, on le trouve dans plusieurs actes, écrit : *Jan van Eeck* (et même *Van der Heke*).

On peut donc dire que l'identification proposée peut se réclamer d'une tradition.

Dans la collection du Duc d'Anhalt, à Woerlitz, se trouve un petit tableau : *la S^e Vierge avec l'Enfant, couronnée par des anges*, qui, si peu qu'il ressemble aux œuvres du grand Johannes de Bruges, est pourtant, lui aussi, traditionnellement désigné sous le nom de « Jan van Eyck. » Ce panneau (Exp. de Bruges n° 98), d'apparence un peu plus ancienne que le n° 106, offre néanmoins avec celui ci certaines analogies, surtout dans les anges (voir aussi la chevelure rousse de la Ste Vierge, aux ondulations régulières, marquées par des clairs jaunes, etc.).

Ce *pourrait* être une œuvre de la jeunesse du même peintre ; dans ce cas, nous aurions, ici encore, une tradition favorable à notre conjecture.

Voici ce que nous savons de la biographie de *Jan van Eeckele*.

Il fut reçu franc-maître dans la confrérie de St Luc et St Eloi à Bruges, en septembre 1534, comme étranger, ayant déjà acquis la maîtrise ailleurs ; il avait à ce moment 3 enfants vivants, nés hors de Bruges. Il fut « vinder » de la corporation en 1542, 1548, 1551, 1557, et son nom figure dans l'obituaire, deux lignes après celui de *Lansloot Blondeel* († 1561).

Son fils, *Albert van Eeckele*, fut également peintre à Bruges : admis comme franc-maître en 1548. Il parait dans divers actes.

Jan van Eeckele est sans doute le même peintre que Carel van Mander désigne sous le nom de *Hans Vereycke* surnommé *Klein Hansken*.

La différence de nom ne doit pas nous arrêter, car d'une part l'auteur affirme qu'il exerçait son art à Bruges, et les détails qu'il donne appuient cette affirmation ; d'autre part le nom assez rare *van Eeckele* est plus d'une fois, dans les actes, corrompu en *van*

Eeck, et même assimilé au nom très commun de *van der Eecke* dont *Vereycke* n'est que la forme abrégée, avec variante dialectale. C'est même sous le nom de *Jan van der Heke*, que notre peintre fut reçu dans la corporation de Sᵗ Luc en 1534 Enfin il faut remarquer qu'il ne se rencontre dans les registres brugeois aucun autre Jan ou Hans Vereycke.

Voici ce que Carel van Mander dit à son sujet : « C'est aussi à Bruges que vivait Jean Vereycke, qu'on surnommait Petit-Jean. Il excellait à peindre le paysage d'après nature et introduisait parfois dans ses sites *l'image de la Vierge, mais de moyenne grandeur* Il faisait aussi, d'après nature, *d'assez bons portraits*, et j'ai vu de lui au Château Bleu, non loin de Bruges, chez mon oncle Claude van Mander, un cabinet muni de vantaux, sur lesquels mon oncle était représenté avec sa femme et ses enfants. *Dans le fond du meuble, on voyait la Vierge dans un paysage.* » (*Le Livre des Peintres de Carel van Mander*, éd. Henri Hymans. — *Paris, Rouam, 1884.*)

Claude van Mander devait être en effet un contemporain de notre Jan van Eeckele. D'autre part, la *Vision de Sᵗ Bernard*, du Musée de Tournay, nous offre bien une Vierge d'une dimension à laquelle le terme « de moyenne grandeur » convient parfaitement.

L'identification du monogrammiste J. V. E. avec Jan van Eeckele, nous paraît donc probable, et provisoirement nous nous y arrêtons ; une connaissance plus complète de son œuvre permettra sans doute un jour de décider s'il faut l'adopter définitivement ou bien la rejeter (1).

Exposition de Bruges, voir nᵒˢ 106 et 105 ; comparer nᵒˢ 98 et 166.

---

(1) Signalons quelques tableaux qui nous paraissent apparentés :

Le type de la Sᵗᵉ Vierge et la manière de peindre que nous remarquons dans la *Vision de Sᵗ Bernard*, paraissent se retrouver jusqu'à un certain point dans le nᵒ 166 de l'exposition : une petite *Sᵗᵉ Vierge*, à mi-corps, avec l'Enfant Jésus, dans un paysage (propriété de M. G. Dreyfus, à Paris).

Peut-être faut-il rapprocher aussi de l'œuvre de Jan van Eeckele un triptyque du Musée de Bruxelles. (Catal. officiel, nᵒ 166 ; catal. Wauters, nᵒ 301ª) ? La partie centrale représente, dans un paysage, la Sᵗᵉ Vierge assise devant un massif de verdure, tenant l'Enfant Jésus auquel elle présente une grappe de raisins. — Volet dextre : Sᵗ François d'Assise, à genoux, recevant les stigmates. — Volet senestre : le donateur (François de Ontaneda ?) agenouillé. — Sur le revers des volets : armoiries avec quartiers.

Malheureusement, n'ayant pu nous procurer la photographie de ce tableau, nous devons faire les plus expresses réserves sur ce rapprochement, fait de mémoire seulement, et d'après une impression générale. Les analogies peuvent fort bien tenir à une tradition d'école plutôt qu'à l'identité de main ; le triptyque est d'un art plus développé que la Vision de Sᵗ Bernard, et paraît postérieur à celle-ci.

En tous cas son attribution à Pieter Pourbus nous semble devoir être écartée.

V. — JAQUES DARET

ET

le Maître de Flémalle

(ci devant « Maître de Mérode ») (1).

Le « Maître de Flémalle » tire sa désignation de
l'œuvre-type, aujourd'hui conservée au Musée Staedel,
à Francfort, et qui provient de l'ancienne abbaye de
Flémalle, dans l'évêché de Liège : un diptyque avec

---

(1) Le « Maître de Flémalle » fut d'abord connu sous le nom de
Maître de Mérode, d'après les propriétaires d'un important triptyque
de l'*Annonciation* qui servit de type pour le classement de ses œuvres.
L'honneur de donner leur nom à ce grand peintre fut ensuite enlevé
aux Mérode, depuis que l'accès du tableau ne fut plus permis même
aux personnalités les plus éminentes. Une telle étroitesse, entravant
le progrès de la science, avait lieu de surprendre de la part d'une famille
intelligente, qui a montré en maintes circonstances se souvenir encore
de l'ancienne tradition aristocratique et chrétienne, suivant laquelle tout
privilège est doublé d'une obligation morale. — Le catalogue de M. Weale
vient de nous apporter la clef du mystère : il paraît que les anciens
possesseurs n'ont pu résister aux offres d'un riche amateur étranger,
et que le précieux retable est remplacé dans l'hôtel de Mérode par
une copie (nous savons qu'en effet une copie a été faite à Bruxelles,
il y a quelques années). Comme ces ventes d'héritages de famille ont
toujours quelque chose d'un peu mortifiant pour l'amour-propre des
vendeurs, on comprend que la chose ait été tenue secrète, quoique
l'explication enfin donnée, fasse tomber le reproche d'un égoïsme qui
aurait été presque monstrueux. — Maintenant que le fait est publié,
il n'y a plus aucun scrupule de délicatesse qui doive retenir l'acquéreur
de se faire connaître. La présente note a pour but de l'engager à ne
pas soustraire plus longtemps un document capital de l'histoire de l'Art,
aux investigations des hommes de science.

grandes figures debout, de la Ste Vierge avec l'Enfant, et de Ste Véronique; au revers du volet, la Sainte Trinité.

M. Hugo von Tschudi, le distingué directeur du Musée de Peinture Moderne, à Berlin, a consacré au maître et à son œuvre un article excellent et fort remarqué, dans le *Jahrbuch der Königlich preussischen Kunstsammlungen*, 1898 fasc. I et II : „ *Der Meister von Flémalle* ". — Nous renvoyons à cet article, nous contentant de mentionner deux œuvres venues au jour depuis : un remarquable *Portrait d'homme,* acquis récemment par le Musée de Berlin, et un tableau important du Musée d'Aix en Provence, signalé et reproduit par M. L. Gonse dans *Les Chefs-d'œuvre des Musées de France.* — Paris 1900. Nous aurons à en reparler tantôt.

Ajoutons au groupe ainsi formé, deux autres œuvres, dont nous croyons qu'elles n'ont pas encore été attribuées au Maître : L'une est le beau *Portrait de dame,* qui se trouve à la National Gallery (n° 1433), de sa facture la plus fine et la plus soignée, comme le *Calvaire* de Berlin. La paternité du maître ne nous paraît guère douteuse : les mains notamment sont tout-à-fait caractéristiques et semblables à celles de ses autres portraits.

La seconde œuvre qui, pensons-nous, a échappé jusqu'ici à la sagacité des chercheurs, est un *dessin,* du Louvre, exécuté à la plume et au lavis. (Photographie chez Giraudon). Celui-ci représente, dans une chambre, la Ste Vierge avec l'Enfant, assise sur un banc, sous un dais en forme de pavillon ; de chaque côté les donateurs avec leurs patrons : à dextre, un homme avec ses deux fils et St Roger ; à senestre, une dame avec sa fille et Ste Catherine. La composition est, sans aucun doute, du Maître de Flémalle ; nous croyons même que, à l'inverse de la plupart des dessins du XVe siècle, qui sont faits *d'après* les tableaux, celui-ci pourrait fort bien être un projet de tableau, de la main du maître.

En outre, nous connaissons un assez grand nombre de peintures qui, sans être de lui, montrent pourtant de façon indubitable, son influence, parfois croisée avec celle de Rogier van der Weyden. Parmi celles dans lesquelles cette action directe est le plus marquée, citons l'*Exhumation de St Hubert*, à la National Gallery (n° 783), composition importante, qui décèle précisément la double influence susmentionnée, mais dans laquelle la part du Maître de Flémalle est tout-à-fait prédominante.

Un tableau de l'église St Sauveur à Bruges (n° 6 de l'exposition) dérive aussi de son art ; le Christ en croix notamment, lui est emprunté.

Enfin citons encore, à la même exposition, n° 341 la *Légende de St Joseph*, le curieux tableau de l'église de Hooghstraeten, dont la parenté étroite avec le *Mariage de la Ste Vierge*, du Maître de Flémalle (au Musée du Prado, à Madrid) est manifeste.

Nous aurions bien des choses à dire sur ce sujet, mais cela nous entraînerait trop loin.

Quant à la personnalité du Maître de Flémalle, son identification avec *Jaques Daret* a été proposée pour la première fois dans une note sur : « *Le tableau de Tomyris et Cyrus au Musée de Berlin, et dans l'ancien palais épiscopal de Gand* » (*Bulletin de la Société d'Histoire et d'Archéologie de Gand, 1901*).

Ce rapprochement semble avoir rencontré un accueil favorable, bien que les arguments sur lesquels l'hypothèse d'identification est fondée, n'aient pas encore été fournis.

En voici l'indication sommaire, et, nous le savons, insuffisante :

D'abord, en faisant l'inventaire des peintures flamandes du deuxième tiers du XVe siècle, qui nous sont connues, à côté de Johannes van Eyck et de Rogier van der Weyden, nous ne trouvons aucun maître dont l'importance et le mérite soient comparables à ceux du Maître de Flémalle.

Or, première présomption, *Jaques Daret* était le maître le plus considéré et le plus en vue de tous ceux dont les archives nous ont révélé les noms. Les comptes des ducs de Bourgogne en font foi ; à deux reprises, il fut fait appel à tous les peintres du pays, et la comparaison des salaires payés, nous montre à quel prix était taxé le mérite de chacun : lors du banquet de Lille le 17 février 1453 (1454 n. st. : *Vœu du Faisan*), seul parmi les peintres qui vinrent travailler aux entremets, *Jaques Daret* reçut 20 s. par jour ; il était arrivé avec ses quatre valets. Les plus favorisés après lui : Johannes Hennecart, Pierre van Elle, et Saladin [de Stoevere] d'Audenarde, ne reçurent que 16 sols par jour, tandis que *Simonet Marmion*, d'Amiens, qui n'était pas encore, il est vrai, à l'apogée de sa réputation, recevait 12 sols. Tous les autres salaires étaient inférieurs. — En 1468 eurent lieu à Bruges les fêtes des noces de Charles le Téméraire avec Marguerite d'York. Cette fois, un nombre de peintres encore plus considérable fut convoqué de toutes les parties des Pays-Bas. Jaques Daret eut la direction des travaux, et toucha 24 sols par jour, plus 3 sols pour sa dépense quotidienne. Un seul artiste : *Franc Stoc*, par suite sans doute de sa position officielle de *maître ouvrier de la ville de Bruxelles*, reçut un payement égal, tandis que *Daniel de Rycque*, qui avait été trois fois doyen des peintres de Gand, recevait 20 sols, que d'autres peintres de grande réputation : *Philippot Truffin* et *Liévin van Latte (Laethem)* touchaient chacun 18 sols, enfin que *Hugue van der Gous*, ne recevait pas plus de 14 sols par jour. (Il faut remarquer que ce dernier était à ses débuts, n'étant maître-peintre que depuis un an ; il était traité sur le même pied que *Jacquet Lombart* et d'autres peintres estimés ; les peintres obscurs n'étaient payés que 8 à 10 sols).

Un examen plus attentif confirme cette première présomption : le *Maître de Flémalle* florissait déjà en *1438*, puisque de cette année est daté son diptyque du

Prado; — il devait même dès cette époque jouir d'une réputation assez considérable pour que Henri de Werle, chanoine de Cologne, songeât à lui confier son portrait; — il doit avoir fourni une longue carrière, è en juger par la diversité de ses œuvres, qui montrent plusieurs manières; — son action ne semble pas avoir été locale, comme celle de Memlinc par exemple : on trouve la trace de son influence à Anvers, à St Omer, et jusqu'à Arras.

Jaques Daret répond excellemment à toutes ces conditions : reçu franc-maître dans le métier des peintres de Tournay, le jour de la St Luc (18 octobre) *1432*; — il devait dès lors avoir fait preuve d'un talent extra-ordinaire, car, honneur exceptionnel, il fut élu doyen de la corporation, le jour même de sa réception; — encore vivant, et à l'apogée de son activité aux fêtes de Bruges en 1468, il put donc produire pendant 36 ans au moins; — personne ne se déplaça davantage; rien que d'après les pièces d'archives conservées, nous le rencontrons travaillant à Tournay, à Arras, à Lille, de nouveau à Tournay, à Bruges.

A Bruges, en 1468, il est spécialement mis en relief : il y dirige les autres peintres; rien de surprenant, si nous y trouvons des traces spéciales de son influence : or le triptyque de la Royal Institution de Liverpool (expos. n° 22), copie d'après le Maître de Flémalle, porte les armes de Bruges, et le tableau de St Sauveur, dit de « Gérard van der Meire » (expos. n° 120) fait des emprunts au même original. Déjà un tableau plus

ancien, appartenant aussi à St Sauveur (exposition n° 6)
présente un Christ en croix, imité du Maître. Rappelons
que Daniel Daret, son frère et son élève, avait été en 1449
attaché à la personne du duc, comme valet de chambre.

Il y aurait lieu de prouver ensuite que le Maître de
Flémalle était, selon toute probabilité, Tournaisien, ce
qui resserre le cercle des suppositions, et nous rapproche
encore une fois de Jaques Daret. — Cette nouvelle
présomption repose sur deux portraits du Musée de Bru-
xelles (catal. officiel n°s 73 et 74 ; catal. Wauters n°s 531
et 532), et est tirée de la personnalité du Lillois Barthé-
lemy Alatruye et de Marie de Pacy, sa femme, combinée
avec le fait que ces portraits ont été exécutés à la hâte
sur des panneaux qui portaient les armes des *Tournai-
siens* Jean Barrat (1425) et Jehenne Cambry (1426). Nous
ne faisons que signaler ici cette importante source de renseignements, sur laquelle nous avons des notes détaillées.

Non seulement le Maître de Flémalle était Tournaisien, mais son art présente les affinités les plus
étroites avec celui de Rogier de la Pasture, alias van
der Weyden. Il serait facile de montrer ceci par une
analyse comparée ; nous nous bornerons à dire que
cette parenté est telle, qu'un critique d'art allemand,
M. Firmenich-Richartz, a pu croire que le Maître de
Flémalle et Rogier van der Weyden étaient un même
artiste à deux époques de sa vie. L'hypothèse que le
Maître de Flémalle est Jaques Daret, explique le
mieux possible cette ressemblance, puisque celui-ci fut,

dans l'atelier de Robert Campin, le *condisciple* de Rogier : « *Rogelet de le Pasture* » commença son apprentissage chez Robert Campin le 5 mars 1426 et fut reçu franc-maître le 1er août 1432 — « *Jaquelotte Daret* » entra dans le même atelier le 12 avril 1427 et devint franc-maître, comme nous l'avons vu, le 18 octobre 1432.

D'autres indices encore sont tirés des caractères artistiques de l'œuvre du Maître de Flémalle mis en parallèle avec ce que nous savons de Jaques Daret. Si on compare l'art du Maître de Flémalle, avec celui de Rogier par exemple, on remarquera une profonde différence entre leurs tendances esthétiques. Si *dramatique* que soit l'art de Rogier, il est avant tout *plastique*. La perfection de la forme, l'exactitude du modelé, et, dans la composition, malgré son grand souci de l'expression pathétique, avant tout une ordonnance architecturale, voilà ce qu'il cherche. Il est essentiellement peintre de *retables*, c'est-à-dire de tableaux à destination fixe, appelés à s'harmoniser avec les formes de l'autel, de la chapelle, à concourir à un ensemble de décoration monumentale. En cela il était en communion d'idées avec Hubrecht van Eyck, et avec les sculpteurs. On a dit quelquefois que Rogier n'avait pas sû s'affranchir de la composition symétrique. Quelle naïveté! il y avait longtemps que le plus médiocre miniaturiste faisait cela couramment. La vérité est que chez lui la peinture n'a pas encore perdu le sens décoratif, qu'elle n'a pas rompu les liens qui l'unissaient au tout de l'architecture. Dans la *Descente de Croix*, de l'Escurial, nous trouvons la plus haute, et la plus caractéristique expression de l'idéal de Rogier.

Il en est tout autrement du Maître de Flémalle : l'art de celui-ci est essentiellement *narratif :* c'est là le fait dominant, son naturalisme en est la conséquence : ce n'est pas tant un réalisme de forme (à cet égard il est en bien des points plus archaïque que Rogier ou Johannes), qu'un esprit d'observation à la manière des illustrateurs, qui domine en lui : la chose représentée, l'histoire racontée, le souci du *récit pittoresque* l'emportent chez lui sur la recherche des lignes et l'étude des formes. Comme l'art du XVe siècle va descendre cette pente, comme le sens architectural va se dissoudre, comme la peinture va devenir de plus en plus objet meuble, tableau de chevalet, on peut dire que le Maître de Flémalle était en avance sur son temps : il a introduit dans la *peinture de tableaux* des manières de concevoir qui, auparavant, étaient propres aux *enlumineurs de manuscrits* et aux *dessinateurs de cartons de tapisseries.* Tandis que le retable peint ou sculpté avait conservé une ordonnance essentiellement plastique, la tapisserie, depuis longtemps déjà, servait à raconter des « *histoires* ». — Or *Jaques Daret fut compositeur de cartons de tapisseries* et *miniaturiste.* Le premier point nous est prouvé par les travaux qu'il exécuta à Arras pour Jean du Clercq, abbé de St Vaast; le second, par le fait que nous voyons le 18 mai 1436, entrer en apprentissage chez lui, *pour apprendre l'enluminure*, Eluthère du Pret, qui le 16 juillet 1438 fut reçu maitre-enlumineur. — C'est probablement aussi à la pratique des cartons de tapisseries qu'il faut attribuer le goût du Maitre de Flémalle pour les étoffes, pour les costumes, et notamment ces bandes chargées de caractères étranges qu'on remarque dans ses tableaux comme dans les anciennes tapisseries.

Autre rapprochement analogue : à lire dans les écrits des contemporains, la description des travaux ingénieux exécutés sous la direction de Jaques Daret pour les noces de Charles le Téméraire en 1468, on comprend à merveille que, pour organiser ces choses, l'artiste tout désigné par ses aptitudes, était ce Maitre de Flémalle, dont *l'invention* est la plus brillante qualité.

Un tel faisceau d'indices nous avait conduit à l'hypo-thèse de l'identité du Maitre de Flémalle avec Jaques Daret. Nous voulûmes pourtant la soumettre à une épreuve : Jaques Daret passa dix-sept années de sa vie à Arras (1441-1458), où il travaillait pour l'abbé Jean du Clercq. Il est donc fort probable qu'il a dû laisser en Artois des traces de son passage : tableaux, élèves ou imitateurs. — Nous croyons y avoir rencontré tableau, élève et imitateur.

Arras est malheureusement une des villes les plus ravagées de la France : c'est là qu'opérait Jean Lebon. Nous n'y avons plus trouvé de tableaux du XVe siècle ; plusieurs même des anciennes églises sont rasées.

Mais dès notre arrivée au Musée de Douai, nous eûmes l'agréable surprise d'y voir une *Vierge* assise sur un banc et entourée d'une gloire, provenant de l'abbaye de St Bertin à St Omer, et manifestement empruntée au tableau du Maître de Flémalle, aujourd'hui à Aix. Cette imitation confirmait une conjecture déjà conçue, à savoir que ledit tableau d'Aix aurait été peint pour une abbaye *artésienne* : celle d'Eaucourt. Le tableau, en effet, représente la Ste Vierge avec l'Enfant Jésus sur ses genoux, assise sur un banc, et apparaissant dans les airs, entourée d'une gloire. Au bas du tableau St Pierre et St Augustin assis, et entre eux, à genoux, un abbé augustin. St Augustin y figure évidemment comme patron de l'ordre, et St Pierre comme patron de l'abbé. Nous avions donc recherché dans la *Gallia Christiana*, toutes les listes d'abbés de l'ordre des chanoines réguliers de St Augustin des divers diocèses des Pays-Bas, et nous n'avions trouvé aucune abbaye à laquelle la composition du tableau convînt aussi bien qu'à celle d'Eaucourt, sous l'abbé Pierre l'Escuyer. En effet cette abbaye était spécialement consacrée en l'honneur de la « *Deipara* ». Il y aurait lieu de compléter ces recherches.

Mais voici une coïncidence encore plus précieuse.

Le Musée de Berlin possède deux tableaux : *la Visitation* et *l'Adoration des Mages*, qui appartiennent à une série dont Madame Hainauer, de la même ville, possède une troisième pièce : *la Présentation au temple*. Ces tableaux, dont le catalogue du Musée fixe, avec beaucoup de

vraisemblance, la date vers 1460, sont intimement apparentés au Maître de Flémalle, quoique d'une autre main.
Nous avons évidemment affaire ici à un bon élève du
Maître, qui, notamment dans ses visages de Vierges a une
originalité propre ; ce ne sont pas des copies. Le tableau
de la Visitation contient le portrait d'un abbé donateur,
accompagné de ses armoiries. — Nous nous sommes
demandés si ce n'était pas dans l'Artois qu'il fallait le
chercher : nous n'avons pas cherché longtemps. Le portrait représente le premier auquel nous avions songé :
l'abbé de St Vaast d'Arras, Jean du Clercq en personne,
comme on peut le voir par son sceau, incomplètement
déchiffré par Demay *(Sceaux d'Artois* n° 2640) et reproduit d'une manière plus exacte dans la *Sigillographie
d'Arras* de Guesnon. Jean du Clercq, grand protecteur
des arts, celui-là même qui avait constamment employé
Jaques Daret, dirigea l'abbaye de St Vaast de 1428 à
1462

Les panneaux en question ont probablement fait
partie d'un retable exécuté pour lui, peut-être après le
départ de Jaques Daret, 1458 (ce qui confirmerait l'esti-
mation de date du catalogue de Berlin), par un peintre
d'Arras formé sous la direction du Maître.

A notre avis, il serait difficile de méconnaître
l'importance de la dernière constatation. Il ne s'agit pas
en l'espèce, d'une copie ou d'une imitation d'une œuvre
déterminée, mais de la formation d'un *élève*, ce qui
implique un séjour prolongé. Jaques Daret a dû former

des élèves à Arras, comme nous savons par le registre de Tournay, qu'il en forma plusieurs en cette ville. Nous sommes informés d'ailleurs que lorsqu'il se rendit d'Arras à Lille pour le banquet du Faisan, il était accompagné de *quatre varlets*.

Il resterait une découverte à faire qui résoudrait définitivement la question : un passage des comptes de l'abbé de St Vaast nous donne la description précise d'une œuvre de Jaques Daret; voici le passage :

« Item payé par mondit Seigneur l'abbé, comme « dessus, à Jacques Daret, paintre, le VIIe jour de juillet « mil IIIIe XLIX, pour ung patron de toile de couleur « à destempre, contenant XII aulnes de lonc et IIII aulnes « de larghe ou environ, ouquel est *listoire de la Résur-* « *rection Nostre Seigneur Jhesu Crist*, bien pointe et « figurée, sur lequel patron, a esté faict un tapis de « hauteliche de ladite Resurrection, lequel patron est « et a esté mis par l'ordonnance dudit monseigneur l'abbé « en la salle quarrée. En ce comprins XXXVI aulnes de « kanevach, sur lequel kanevach fu fait ledit patron, « la somme de XXIII livres XV s. monnoie dite. » *(A. de la Grange et Louis Cloquet : Études sur l'Art à Tournai*, II, p. 131, d'après *H. Loriquet, Notes sur les tentures de hautelisse possédées par l'abbaye de Saint-Vaast.)*

Puisse cette tapisserie ne pas avoir péri, et se retrouver un jour! — Madrid et Vienne n'ont peut-être pas dit leur dernier mot.

VI. — JEHAN PERRÉAL DE PARIS

ET

le Maître des Portraits des Bourbons 1488

(= le Maître de Moulins).

Parmi les diverses identifications que nous proposons, il n'en est aucune (celle d'Aelbrecht Bouts exceptée) qui nous inspire une confiance plus complète que celle-ci, bien que nous n'ayons de preuve directe pour aucune œuvre en particulier.

Pour faire partager cette conviction, nous devrions, à plus forte raison que pour le Maître de Flémalle, entrer dans des explications détaillées : les coïncidences sont ici beaucoup plus nombreuses encore, et plus précises. En outre, certains arguments ne pourraient être développés qu'avec l'aide de reproductions photographiques, car, dans le cas présent, nous devrions commencer par établir l'unité de l'œuvre.

Nous ne ferons donc qu'énumérer les principaux *modes* de preuve.

La tâche préalable serait, comme nous venons de le dire, de reconstituer l'œuvre du maître anonyme dans la totalité de ses manifestations connues. Nous avions commencé à rassembler des notes dans ce but, lorsque parut le beau travail de M. Camille Benoit dans la « Gazette des Beaux-Arts ». Nous saisissons avec plaisir l'occasion de féliciter l'auteur, qui a rendu à la

France et à l'histoire de l'Art en général, un véritable
service, en attirant, avec l'élégance de plume qu'on lui
connaît, l'attention du public sur l'art français de la
fin du XVe siècle, toujours si injustement méconnu.

Personnellement, nous lui devons de la gratitude
pour avoir appris à connaître par lui, notamment le
le portrait de petite fille (*Suzanne de Bourbon*), et celui
du dauphin *Charles-Orlant*, qui a apporté une nouvelle
confirmation à notre hypothèse.

Toutefois, si intéressante et si instructive qu'ait
été pour nous la lecture de ces articles, nous ne pouvons
en partager toutes les conclusions.

Il faut reconnaître que, lorsqu'un nouveau groupe-
ment d'œuvres commence à prendre forme, la grande
difficulté est de distinguer, d'une part l'*identité de l'artiste*
qui évolue d'après les directions successives de sa
recherche, d'après la variété des milieux et des temps,
et se manifeste en des œuvres *diverses*; — d'autre part
l'*unité d'aspect* à laquelle aboutissent les productions de
mains *multiples* qui travaillent dans le même temps,
le même lieu, d'après des modèles et des enseignements
communs : là, différentes manières d'un même peintre —
ici, même manière de peintres différents.

Les critiques tombent le plus souvent dans un
extrême ou dans l'autre, suivant leur tempérament :
téméraire ou timide. On disait jadis des théologiens
qu'ils inclinaient par nature à devenir jansénistes ou
jésuites — La casuistique de l'art connaît les mêmes

oppositions : ceux-ci sont naturellement trop larges, ceux-là trop étroits. Placés devant un groupe d'œuvres qui se ressemblent, presque d'instinct les premiers se sentent portés à dire : « tout cela est du même peintre » — les seconds par un effet d'habitude également automatique, surprendront sur leurs lèvres les mots : « il faut distinguer plusieurs mains ».

En lisant chaque auteur, il faut tenir compte de ses penchants : M. Camille Benoit nous semble être un peu parent des derniers. Il ne permet pas aux artistes de sortir de l'ornière une fois tracée; volontiers, à la moindre déviation, je ne dirai pas qu'il pousse la cruauté jusqu'à les condamner à l'écartèlement, — disons qu'il les multiplie par scissiparité. Nous croyons que tel fut le cas pour sa distinction entre le « Maître des Portraits de 1488 » et le « Maître de Moulins ».

Pour notre part, nous n'avons ni doute ni hésitation sur ce point : nous sommes aussi sûrs qu'on peut l'être en telle matière, que ces deux groupes émanent d'un maître identique, et nous croyons même pouvoir deviner les causes qui ont amené entre eux certaines diversités d'apparence.

La démonstration de cette unité est essentielle; elle est le pivot de notre argumentation ultérieure. — On comprendra sans peine qu'il est impossible de la fournir ici. Nous devons supposer acquis le point de départ, à savoir que *le même peintre* est le Maître des Portraits de 1488 et le Maître de Moulins.

Ce point de départ posé, voici, non pas le développement des raisons qui nous font croire à son identité avec Jehan de Paris, mais les rubriques principales sous lesquelles ces raisons se rangent :

1º Argument du mérite et de la célébrité.

Aux environs de 1500, Jehan de Paris était, sans nul doute et sans comparaison possible, le peintre le plus renommé de la France. Le fait est trop connu pour que la preuve nous incombe. — De même le maître inconnu, n'eût-il fait que le triptyque de Moulins, ou l'un quelconque des beaux portraits qui nous restent de lui, auteur d'une telle œuvre, il était sans contredit inégalé en France à la même époque. Là-dessus encore, pas n'est besoin d'insister.

2º Coïncidence entre la biographie de Jehan de Paris et la série des personnages dont le maître anonyme fit les portraits.

En règle générale, lorsque nous savons qu'un artiste a été officiellement attaché à la personne d'un grand seigneur, et que nous rencontrons des portraits de celui-ci et de sa famille, nous sommes déjà portés à croire que cet artiste en est vraisemblablement l'auteur. Mais lorsque ce peintre a été attaché à *plusieurs* personnages, et qu'on trouve des portraits de tous, sortis de la *même main*, alors il semble que le doute ne soit plus permis.

Il en est ainsi pour Jehan Perréal :

A) — Nous trouvons Jehan Perréal de Paris (probablement Lyonnais de naissance) établi à Lyon dès 1483 (1). Nous n'avons pas la preuve écrite, il est vrai, que l'archevêque l'ait employé; mais que celui-ci, voulant faire faire son portrait, se soit adressé au meilleur peintre de sa ville, c'est au moins chose fort probable.

— Or l'œuvre la plus ancienne en date que nous connaissions du maître anonyme, est le *portrait du Cardinal de Bourbon*, qui fit son entrée solennelle comme archevêque de Lyon en 1485. (On sait que Jehan de Paris dirigea les décors de cette entrée.) Le portrait en question se trouve au Musée germanique à Nurenberg.

B) — Jehan de Paris passe ensuite au service du duc *Pierre de Bourbon* et de sa femme *Anne de France*. Cette fois nous avons des renseignements : c'est par son entremise, nous rapporte-t-on, que son ami Jean Lemaire de Belges fut attaché à la maison du duc.

— Aussi trouvons-nous du maître anonyme toute une série de portraits : *portraits du duc Pierre et de la duchesse Anne* 1488 (Louvre) — *portrait de leur fille Suzanne* (collection privée à Paris) — *le triptyque de Moulins*.

C) — Jehan de Paris fut le peintre officiel de *Charles VIII*.

— Ne soyons pas surpris que le maître anonyme

---

(1) Voy. *Jehan Perréal*, par E. L. G. Charvet. — Lyon, 1874.

ait peint les portraits de *Charles VIII* et d'*Anne de Bretagne* (Bibliothèque nationale), découverts par M. Bouchot, -- et le portrait du petit *dauphin Charles-Orlant.*

D) — Jehan de Paris fut encore peintre en titre du
successeur de Charles VIII : *Louis XII.*

— Aucun portrait de Louis XII n'est cité comme
étant de la même main A notre avis pourtant on peut
considérer comme exécuté par lui un portrait à l'aquarelle
dont nous ne connaissons malheureusement que la
photographie par Braun (nº 18020).

Les autres œuvres du maître sont provisoirement
passées sous silence.

3º Nous ne nous contentons pas du parallèle entre
l'énumération des fonctions de Jehan de Paris et la liste
de ses patrons que les portraits nous représentent. Ce
parallèle deviendra infiniment plus frappant si nous
entrons dans le détail chronologique.

Sans nous étendre sur cette question, choisissons
seulement quelques points parmi les plus saillants :

A-t-on songé que l'âge apparent du Cardinal
de Bourbon fixe la date de son portrait peu après
son entrée solennelle à Lyon, dont nous venons de
dire que Jehan de Paris dirigea les décors?

A-t-on remarqué que la date attribuée, non par
nous mais par M. Bouchot, d'après l'âge apparent,
aux portraits de Charles VIII et d'Anne de Bretagne,
est précisément l'année où, pour la première fois, Jehan

de Paris entra en rapports directs avec eux, lors de l'entrée solennelle à Lyon, et où *nous savons qu'il a dessiné leurs portraits* en vue d'une médaille, occasion naturelle qui s'offrait à eux de lui commander leurs portraits peints?

A-t-on tenu compte de la date précise du portrait du petit dauphin Charles-Orlant et compris les consé-quences qui en découlent? Le dauphin y est peint à l'âge de 26 mois, qu'il n'atteignit que le 10 décembre 1494, donc *après* le départ du Roi pour l'Italie : celui-ci n'a pu l'emporter avec lui. — Le portrait fut pourtant pris avec ses bagages à la bataille de Fornoue. Comment y était-il venu? Il n'est pas difficile de le deviner : par une idée d'épouse et de mère, Anne de Bretagne fit peindre pour le Roi absent l'image de son fils, et la lui envoya. — Or peu après la bataille de Fornoue, nous trouvons Jehan de Paris avec le roi à Verceil. Celui-ci, qui l'a attaché à sa personne en qualité de valet de chambre, en informe le magistrat de Lyon, afin qu'il soit exonéré de certaines charges. — Est-il téméraire de conclure que les deux faits sont connexes, que le portrait a été porté au roi par son auteur, et que celui-ci en a reçu la récompense?

Autre rapprochement chronologique. Quand on le compare aux portraits de 1488, le triptyque de Moulins présente quelques modifications de style : notamment plus de généralisation dans les formes, plus d'idéalisation. — Réponse : entre les deux œuvres se place le voyage d'Italie qui laissa, nous le savons, une si profonde impression dans l'esprit de Perréal.

La composition des volets de Moulins diffère aussi des portraits de 14⁵8, en ce que, au lieu de se détacher sur un fond de paysage, les personnages y sont représentés agenouillés dans une chambre tendue de courtines de deux couleurs. — Explication : cette disposition est *indubitablement* imitée du triptyque du roi René, à Aix. Aix n'est-elle pas sur la route de l'Italie? N'est-il pas naturel que Jehan de Paris y ait passé, et qu'étant ensuite chargé d'une œuvre d'une importance et d'un caractère solennel analogues, il se soit souvenu du chef-d'œuvre de Nicolas Froment? — Voilà que même les différences signalées par M. Cam. Benoit tournent en faveur de notre thèse.

N'en disons pas plus long.

4° Argument, tiré des caractères de l'œuvre de l'anonyme, comparés avec ce que nous savons des tendances artistiques de Jehan de Paris.

Nous ne citerons ici qu'un seul trait : M. Cam. Benoit relève, avec sa finesse d'analyse habituelle, l'invention, la recherche et le goût qui distinguent l'arrangement et l'ornementation des costumes chez le Maître de Moulins. — Nous songeons aussitôt à une spécialité connue de Jehan de Paris, le costumier par excellence, qui non seulement était chargé d'habiller les figurants de toutes les grandes cérémonies : entrées

ou funérailles, mais qui, lors du second mariage de
Louis XII, fut envoyé exprès en Angleterre pour y
diriger les couturiers chargés de composer à la mode
de France les toilettes de Marie d'Angleterre, la nouvelle reine.

Enfin 5° : il nous reste une œuvre *authentique*
de Jehan Perréal de Paris, bien que nous ne puissions
la voir qu'à travers sa traduction en marbre : c'est
le célèbre tombeau du duc de Bretagne François II,
à Nantes, sculpté par Michel Colombe de 1502 à 1506,
d'après les dessins de Perréal. Certes, l'exécution, la
compréhension de la forme, appartiennent au sculp-
teur, mais toute l'invention est du peintre-architecte.
C'est lui par exemple qui a dicté la pose, et l'attife-
ment des quatre grandes statues d'angles. — Comparez
la figure de la *Tempérance* au point de vue de la
coiffure, de la draperie, et même de certains détails
du costume, tels que les manches, avec celles de la
Ste Anne du triptyque de Moulins, de la Ste Madeleine de la coll. de Somzée.

Mais déjà nous avons dépassé les limites que
nous avions tracées à cette esquisse, bornons-nous aux
indications résumées que nous venons de donner, gar-
dant d'autres arguments en réserve.

Nous ne pouvons pourtant terminer une notice, consacrée à l'un des plus grands artistes *français*, sans déplorer que des paroles aussi autorisées que celles de M. Benoit et de plusieurs autres chercheurs qui font honneur à leur pays, ne parviennent pas à trouver en France le retentissement qui aboutit à des actes, et que dans ce pays, à part quelques louables initiatives privées (nous pensons surtout au grand citoyen français, le duc d'Aumale) (1) rien n'ait été fait pour doter les musées de séries d'œuvres des premiers siècles de la peinture française. L'art français du XVe siècle et du commencement du XVIe est si rare dans les galeries publiques, si absent, que maints Français croient de bonne foi qu'il a été inexistant ou sans valeur ; aussi, quand d'aventure une œuvre se rencontre, même entre les mains d'un amateur éclairé, celui-ci en gratifie régulièrement quelque école étrangère : elle est baptisée allemande, espagnole, italienne, flamande surtout. Si flatteuses que soient pour nous ces annexions involontaires, il y aurait de notre part injustice à les accepter. Ce n'est pas sous des noms d'emprunt et dans les musées étrangers que doivent briller les joyaux de la France.

Est-ce par inconscience ou par insouciance qu'elle laisse ses trésors dans l'oubli ? — Attend-elle qu'un étranger, l'un ou l'autre patient érudit Allemand, s'at-

---

(1) Il convient aussi de citer M. Maciet, dont la générosité éclairée a enrichi la France d'une œuvre des plus précieuse.

tache à la recherche des œuvres éparses, à leur reproduction et à leur étude, et qu'à force de démarches, de labeur et d'obstination, il arrive enfin à montrer aux yeux de la France et du monde quel a été, avant l'hybridation italienne, l'art national français ? — L'existence d'un certain nombre de ces œuvres est connue; plusieurs se trouvent encore en divers points du territoire ; dans tout autre pays, elles seraient photographiées, on en trouverait partout aisément les épreuves, les manuels en populariseraient les clichés, et les enfants les connaîtraient dès l'école. — Mais, s'il est facile, à Paris même, de trouver les documents nécessaires pour l'étude de tous les musées d'Italie, si l'on peut s'y procurer la reproduction de telle œuvre qu'on voudra de *Meister Wilhelm*, ou de *Stephan Lochner*, ou d'un simple *Herlin*, qui se trouve dans n'importe quelle petite ville d'Allemagne, on y chercherait par contre en vain, chez tous les marchands, les photographies des tableaux et des peintures murales d'Avignon, de Villeneuve, d'Aix, du Puy, de Lyon, de Beaune, de Dijon, de Troyes, d'Amiens, d'Arras, de Douai, de Valenciennes, d'Abbeville, de Rouen (Cour d'appel), de Loches, de Vieure, d'Ambierle, etc., etc. — Ces photographies, ou bien n'existent pas, ou bien ne se trouvent renseignées nulle part. Parfois des clichés ont été exécutés, mais (ceci est un comble !) *il a été défendu d'en mettre les épreuves dans le commerce.* Soit par pure étroitesse d'esprit, soit par l'effet d'un mercantilisme *bien malavisé*, chaque détenteur d'une œuvre intéressante met un soin jaloux à empêcher qu'on en répande l'image : conservateur de musée, administrateurs d'hospice, concierge, bedeau, ou président de Cour, chacun met sa lumière sous le boisseau, comme s'il avait peur qu'elle ne rayonne, et qu'on ne puisse de loin profiter de sa clarté : pour l'histoire de l'art, la province française est un vaste éteignoir. Que disons-nous : la province ? — Tâchez donc seulement de *voir* le *Calvaire* du Palais de Justice de Paris !...

Qu'à l'époque où se sont constitués les musées français, époque où on n'admirait rien tant que les Italiens de la décadence, on ait négligé le vieil art national, cela n'a rien que de naturel et de général en Europe ; — mais depuis ?... Depuis que l'attention universelle s'est portée sur l'art préromaniste, comment se fait-il qu'on n'ait pas, comme dans les autres pays, à tout prix cherché à combler la lacune ?

Sans doute, le mode d'organisation des musées doit y être pour quelque chose : en France, comme en Belgique, sévit l'exécrable système des *commissions*, garantie illusoire contre les abus, mais entrave efficace à toute action intelligente et rapide. Une collection placée sous un tel régime, ne saurait concourir avec la libre initiative d'un chef unique, *capable* et *responsable*, assisté de spécialistes, méthodiquement formés dès leur jeunesse en vue de l'aider, de le suppléer, éventuellement de le remplacer. Vouloir que le Louvre ou le Musée de Bruxelles fassent des achats aussi judicieux et à des conditions aussi favorables que le Musée de Berlin, c'est demander qu'un pur-sang en liberté soit battu à la course par des chevaux de trait, attelés à des omnibus.

Mais cette explication est insuffisante. Ce n'est pas seulement quand il fallait faire des découvertes ou prendre des décisions rapides que les musées français ont perdu l'enjeu de la lutte ; voici un exemple : le portrait d'Étienne Chevalier, le chef-d'œuvre de Jean Fouquet, et de la peinture française du XVe siècle, a été, par son propriétaire, un vieux Francfortois, ami de la France, et qui n'aimait pas les Prussiens, *offert* au Louvre à des conditions plus avantageuses que celles auxquelles il a fini par être vendu au Musée de Berlin, dont il est aujourd'hui l'un des plus précieux trophées. A quoi bon chercher dans le passé des exemples trop abondants : au cours même de l'exposition de Bruges, vient de se vendre une des plus belles œuvres de notre Jehan de Paris ; — elle n'a pas été achetée pour la France.

Tous les connaisseurs étrangers s'étonnent d'une telle inaction, et ce que nous disons ici tout haut, se répète depuis longtemps, non sans commentaires, en Angleterre comme en Allemagne.

Nous ne connaissons pas assez intimement les rouages de l'administration française pour savoir à quel vice il faut attribuer ces défaites successives, quand il s'agit de choses qui n'ont pour aucun autre pays le prix qu'elles ont pour la France.

Ce ne peut être le manque d'argent qui empêche un peuple aussi riche d'acquérir les œuvres les plus précieuses de son art national alors qu'il se trouve à Paris des amateurs qui paient plus de cent mille francs pour de simples objets d'ameublement, comme les tableaux d'un Nattier.

Plusieurs pertes sont déjà irréparables, mais une couple de millions bien ménagés et judicieusement employés permettraient encore à l'heure actuelle de combler l'impardonnable et béante lacune des musées de France. Bientôt il sera trop tard; alors il faudra que les Français, enfin avertis que leur art a eu des ancêtres, aillent hors de France, chercher péniblement les reliques dispersées, et apprendre de l'étranger, à connaître l'œuvre glorieux de leur race. — Le temps presse!

Serait-il vrai que le gouvernement français, d'ordinaire si prodigue de dépenses vaines, du moment qu'il peut en attendre une répercussion sur les votes, se montre parcimonieux envers ses collections nationales, même envers le Louvre? Cet incomparable et merveilleux trésor, dont les monarchies abolies ont enrichi la France, n'a-t-il rien à attendre de la démocratie?

L'Art et la Science ne répondent, il est vrai, ni aux instincts grossiers de la foule, ni aux appétits particuliers des coteries politiques exploitantes. — Sans doute, les politiciens parlementaires français et les gouvernements éphémères qu'ils chargent du service de leurs passions et de leurs intérêts, sont exclusivement absorbés par les questions qui *divisent* la nation. Ils n'ont ni le loisir ni le souci de s'occuper des buts élevés et des hautes entreprises en vue desquels elle devrait unir ses efforts — qu'il s'agisse du prestige extérieur de la France, ou de l'intégrité interne de sa grandeur morale.

C'est dans l'unique désir de rendre service à la France et à l'Art, que nous avons dit les dures paroles de vérité. Les flatteurs ne sont pas les amis; les indifférents ne font pas de reproches : *qui amat castigat*.

Puisque les appels français ne réussissent pas à se faire entendre, le cri d'alarme d'un étranger pourra-t-il réveiller les mauvais gardiens qui dorment ou s'amusent?

Nous n'avons point d'illusions sur la portée de notre voix.

Les amis de la France n'ont d'ailleurs, c'est à craindre, rien de bon à espérer pour elle d'un gouvernement qui sacrifie à de mesquines préoccupations électorales (si ce n'est à des sollicitations que nous ne voulons entrevoir) une des merveilles de la France et de l'Europe : les remparts d'Avignon, déjà battus en brèche par un acte de brigandage — resté impuni.

VII. — ADRIAEN YSENBRANT

ET

le Maître de Notre-Dame des Sept Douleurs.
(= le principal « pseudo-Mostaert » de Waagen).

Comme pour Jehan Perréal et pour Jaques Daret l'identification ne repose que sur une série d'indices concordants, tirés de l'ensemble de l'œuvre du Maître.

L'auteur du diptyque consacré à Notre-Dame des Sept Douleurs, par Barbara de la Meere, veuve de Jooris van de Velde, est un maître des plus féconds. Il est représenté dans la plupart des musées et dans bon nombre de collections particulières. Il doit donc avoir été un peintre recherché des amateurs de son temps, et par conséquent, il est peu probable que son nom soit complètement passé sous silence par les historiens locaux, et il est à peu près certain qu'il a dû occuper des dignités dans le métier des peintres.

Le Maître de Notre-Dame des Sept Douleurs est évidemment un très proche disciple de Gheeraert David : pour certains tableaux, on peut hésiter entre les deux artistes. — Sa formation semble se rattacher à la période de l'art de Gheeraert qui suivit immédiatement le tableau des Carmélites de Sion (1509), avant que Gheeraert David ait éclairci son coloris.

Certes, celui-ci eut plusieurs imitateurs qui l'approchèrent de près, mais aucun de ceux-ci n'acquit par la suite une importance comparable à celle de notre maître anonyme.

Quelques-uns des tableaux de celui-ci portent une date, telle la grande *Adoration des Mages* de Lubeck : 1518. D'autres peuvent être datés approximativement d'après l'âge apparent ou le moment du décès des personnages : tel le tableau-type (n° 178) Notre-Dame des Sept Douleurs (entre 1528 et 1535; voy. la notice du n° 179), tel aussi le triptyque de Gros-Wielant-de Halewyn (probablement vers 1521-1526· voy. n° 184). — L'abondance des tableaux du maître et leur variété de manières doit faire supposer une longue carrière artistique.

Les qualités séduisantes du pseudo-Mostaert ne résident pas dans l'originalité de son invention (il est pauvre à cet égard), ni dans la puissance de son dessin, assez mince, mais bien — dans l'éclat spécial de son coloris : il peignait par glacis, et obtenait ainsi par transparence, notamment des rouges admirables, (Cf. n°s 93, 152, etc) — dans la douceur extrême de son modelé, — enfin dans la joliesse, le soin, la grâce de certaines de ses figures : telle la *Vierge* du Comte de Northbrook, la *Madeleine* de la collection de Somzée, etc.

Or, tous ces caractères conviennent parfaitement, et à un degré éminent, à ce que nous savons d'Adriaen Ysenbrant.

Celui-ci, qui était étranger et avait fait son apprentissage hors de Bruges, y fut reçu comme franc-maître peintre le 29 novembre 1510. — Il put donc subir l'influence de Gheeraert David tout juste pendant la période de l'évolution de celui-ci, dont l'œuvre du Maître de Notre-Dame des Sept Douleurs se rapproche le plus.

Il jouit, comme peintre, d'une situation en vue, car on le trouve huit fois faisant partie du serment, comme *vinder* depuis 1516-1517 jusqu'en 1547-1548. Deux fois il fut gouverneur 1526, 1537.

Il décéda en juillet 1551, ayant donc pratiqué l'art de la peinture à Bruges pendant plus de quarante ans.

Chose caractéristique, dans l'obituaire de la confrérie, son nom est précédé du mot *Meester*, ce qui n'est le cas que pour un petit nombre d'artistes, qui tous ont joui d'une grande réputation.

Enfin son nom ne nous est pas seulement connu par les documents d'archives, mais encore par les sources littéraires :

M. Weale, qui a tiré sa mémoire de l'oubli, en lui consacrant une notice dans *le Beffroi 1865, t. II, pp. 320-324,* nous cite à son sujet le passage suivant de Sanderus :

« Adrianus Isebrandus brugensis, *Gerardi Davidis*
« pictoris Veteraquensis *discipulus* fuit, in *nudis corpo-*
« *ribus*, et *vultibus humanis* delineandis egregius. Memo-
« ratur a Dionysio Harduino in suo de Scriptoribus
« Pictoribusque Flandriae volumine msc. » *(Sanderus :*
Flandria illustrata t. II, p. 154. Hagaecomitum 1735.)

Il ne faut pas entendre l'expression *Gerardi Davidis discipulus* au sens technique de l'apprentissage. Adriaen était déjà maître en arrivant à Bruges, et le registre des peintres ne renseigne pour Gheeraert David aucun apprenti. Il s'agit donc ici d'un élève dans le sens large du mot. Nous croyons que, surtout dans la seconde partie de sa carrière, Gheeraert David dirigeait un véritable atelier dans lequel il employait de jeunes maîtres-peintres.

Sanderus rapporte qu'Adriaen Ysenbrant était habile à peindre le nu. — Nous songeons aussitôt aux grandes figures d'*Adam et Ève* du retable de Lubeck.

Quant aux *portraits*, on en connaît plusieurs de lui, et on comprend qu'ils aient eu du succès.

Un autre auteur nous parle d'Adriaen Ysenbrant : c'est le poète J.-P. van Male (*Prael-tonneel der vermaerde mannen van Brugge*) :

> De stem ontbreckt alleen aen uw volmaekte werken
> « Zoo *zagt*, zoo *levendig*, zoo *keurig* afgemaeld :
> « Dat d'oog. voor kunst verblind, zelfs in uw beelden dwaelt,
> « En meynd dat levend is al 't geen zij komt te merken. »

On ne saurait mieux caractériser la peinture du « pseudo-Mostaert » que par les termes *zagt* (doux) et *keurig* (recherché, soigné, choisi). Il suffit, pour s'en convaincre, de considérer, par exemple, le *St Ildephonse* (n° 151) et la *Ste-Vierge* (n° 152) du comte de Northbrook, ou la *Madeleine* de la coll. de Somzée (n° 182).

Nous ne connaissons aucun autre peintre Brugeois

de ce temps, auquel les textes de l'historien Sanderus
et du poète van Male puissent s'appliquer d'une manière
aussi justifiée.

Ajoutons que le *St Luc tenant le portrait de la
Sainte-Vierge* (n° 187) semble représenter un portrait
du peintre.

G. H. DE LOO.

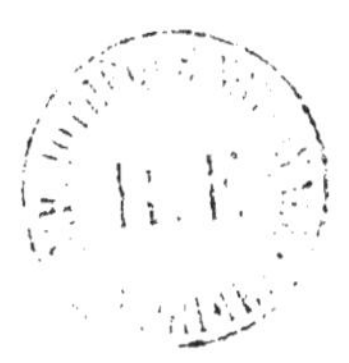

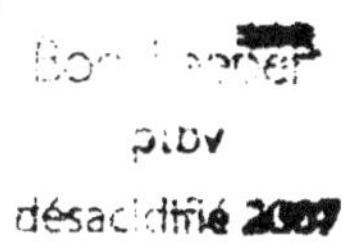